MW01145961

"Ironía y memoria, inocencia y parodia. En su poesía impecable, sutil, Claudia Prado canta un mundo inefable —tal como lo hace su abuela— desde una galería que siempre da al mar".

"Irony and memory, innocence and parody. In her impeccable, subtle poetry, Claudia Prado sings of an ineffable world— just as her grandmother does—from a gallery that forever looks upon the sea."

—CRISTIAN ALIAGA, *MUSIC FOR UNKNOWN JOURNEYS: NEW &
SELECTED PROSE POEMS* (BEN BOLLIG, TR.)

"*El interior de la ballena | The belly of the whale* es un libro extraordinario. Claudia Prado nos regala una poesía capaz de albergar las historias de varias generaciones de una familia (. . .) En la excelente versión en inglés de Rebecca Gayle Howell, estas dualidades resucitan en la migración perpetua de la traducción".

"*El interior de la ballena | The belly of the whale* is brilliant. Claudia Prado has given us poetry capable of holding the stories of a family's generations. . . . In Rebecca Gayle Howell's masterful English version, these dualities resurrect— giving us a perennial migration of translation."

—LUIS ALBERTO AMBROGGIO, NORTH AMERICAN ACADEMY OF
SPANISH LANGUAGE & THE ROYAL SPANISH ACADEMY

"Estos poemas brillantes de las Américas resuenan con una música particular tanto en español como en inglés, mostrando el cuidado y la diligencia que estas escritoras han ofrecido a las preciadas voces del pasado que siguen resonando en nosotros hoy".

"These shimmering poems of the Americas reverberate distinct music in both Spanish and English, demonstrating for us the care and diligence these writers have given to the cherished voices of the past that continue to echo in us today."

—CURTIS BAUER, *AMERICAN SELFIE | SELFI AMERICANO*
(NATALIA CARABAJOSA, TR.)

"Un siglo de historias familiares durmiendo en el interior de la ballena, en su Madryn patagónico donde me llevó a conocerlas, tan inmensas y tan dulces como sus bellos poemas".

"A century of family stories sleeping inside the whale, set in the Patagonian Madryn where Prado once showed me her whales, immense and sweet as her beautiful poems."

—DIANA BELLESSI, *TENER LO QUE SE TIENE*

"El interior de la ballena | The belly of the whale es tan asombroso, conmovedor y lleno de matices como la experiencia de mirar fotos a través de un estereoscopio. Claudia Prado escribió un libro de una belleza austera y precisa (. . .) Las traducciones de Rebecca Gayle Howell son minuciosas, brillantes, seguras, profundamente vivas".

"El interior de la ballena | The belly of the whale is as startling, transportative, and rich as the experience of peering at photos through a stereoscope. Claudia Prado has written a book of stark, exacting beauty. . . . Rebecca Gayle Howell's translations are whittled, gleaming, confident, utterly alive".

—ROBIN MYERS (TR.), *THE LAW OF CONSERVATION*
BY MARIANA SPADA

"La poeta Claudia Prado reimagina las historias transmitidas de generación en generación, destacando la fortaleza silenciosa y el papel fundamental de las mujeres. Las traducciones de Rebecca Gayle Howell nos recuerdan, ahora más que nunca, que las diferencias 'nos llevan a necesitarnos unos a otros'. Quedé tan cautivado que me senté y leí todo el libro de una vez".

"Poet Claudia Prado has reimagined tales passed down for generations, spotlighting the silent endurance and pivotal roles of women, while Rebecca Gayle Howell's translations remind us now more than ever that differences 'require us to need each other.' I was so mesmerized that I read the book in one sitting."

—RUBEN QUESADA, ED., *LATINX POETICS: ESSAYS ON THE ART*
OF POETRY

"A toda genealogía le llega su poeta: en *El interior de la ballena*, Claudia Prado recupera un siglo de relato familiar y vuelve a darle vida a través del detalle. El pasado se representa una vez más pero con una música nueva".

"Every genealogy has its poet: in *El interior de la ballena*, Claudia Prado recovers a century-long family story through detail. Here the past is resurrected by new music."

—LAURA WITTNER, *LUGARES DONDE UNA NO ESTÁ*
—*POEMAS 1996–2016*

DESERT
HUMANITIES

RON BROGLIO AND CELINA OSUNA, SERIES EDITORS

Also in the series:
*Sand, Water, Salt: Managing the Elements in Literature of the
American West, 1880–1925*
by Jada Ach

Copyright © 2024 by Claudia Prado and Rebecca Gayle Howell
All rights reserved. No portion of this book may be reproduced in any form or by
any means, including electronic storage and retrieval systems, except by explicit
prior written permission of the publisher. Brief passages excerpted for review and
critical purposes are excepted.

This book is typeset in EB Garamond. The paper used in this book meets the
minimum requirements of ANSI/NISO Z39.48-1992 (R1997). ∞

Designed by Hannah Gaskamp
Cover design by Hannah Gaskamp

Library of Congress Cataloging-in-Publication Data

Names: Prado, Claudia, 1972– author. | Howell, Rebecca Gayle, translator. |
Yépez, Vicente, translator. | Prado, Claudia, 1972– Interior de la ballena. | Prado,
Claudia, 1972– Interior de la ballena. English. Title: El interior de la ballena =
The belly of the whale / Claudia Prado; traducción de Rebecca Gayle Howell,
con Vicente Yépez = Claudia Prado; translation by Rebecca Gayle Howell, with
Vicente Yépez. Other titles: Belly of the whale. Description: La edición bilingüe.
| Lubbock, Texas: Texas Tech University Press, 2024. | Series: Desert Humanities
| Summary: "A novel in verse, presented in Spanish and English, that creates a
poetics of rural Patagonia"—Provided by publisher.
Identifiers: LCCN 2023048138 | ISBN 978-1-68283-205-9 (cloth)
Subjects: LCSH: Prado, Claudia, 1972—Translations into English. | LCGFT:
Novels in verse.
Classification: LCC PQ7798.426.R325 I5813 2024 | DDC

24 25 26 27 28 29 30 31 32 / 9 8 7 6 5 4 3 2 1
Texas Tech University Press
Box 41037
Lubbock, Texas 79409-1037 USA
800.832.4042
ttup@ttu.edu
www.ttupress.org

EL INTERIOR DE LA BALLENA

EDICIÓN BILINGÜE

CLAUDIA PRADO
REBECCA GAYLE HOWELL, TR.
CON VICENTE YÉPEZ

THE BELLY OF THE WHALE

BILINGUAL EDITION

CLAUDIA PRADO
REBECCA GAYLE HOWELL, TR.
WITH VICENTE YÉPEZ

TEXAS TECH UNIVERSITY PRESS

CONTENIDO

CONTENTS

INTRODUCCIÓN

Cuando pienso en mis padres, en mis tías y tíos, si busco un rasgo común, lo primero que encuentro es su capacidad de trabajo, la satisfacción por el esfuerzo diario y sus consecuencias, y algo más extremo, que yo tardé en poner en palabras: el orgullo de no pretender descanso. En una familia tan concentrada en el presente, lo que se cuenta del pasado no se remonta muy lejos. Se cuentan con gusto algunas historias sobresalientes que marcaron la memoria, pero no mucho más allá de la generación anterior.

Siempre sentí que estaban hechos para vivir en la aridez patagónica. No podría imaginarlos en otro lado, como si ellos y el lugar fuesen la misma cosa, y sin embargo, no existieron allí desde siempre; hubo otra gente mucho antes que ellos y sus abuelos. No hace tanto, fueron los extranjeros.

Mi familia paterna es descendiente de inmigrantes vascos y gallegos que llegaron a la Argentina alrededor de 1880. No se instalaron en Buenos Aires, la ciudad capital, sino que siguieron hacia al sur. Su camino hasta la Patagonia fue paulatino, vivieron algún tiempo en la provincia de Buenos Aires y, desde allí, fueron bajando. Buscaron un lugar que les permitiera criar las pocas ovejas que habían logrado comprar en los años de camino. Llegaron a una tierra en la cual —a pesar de la aridez— eran útiles los conocimientos de pastores que traían del otro continente.

Todo esto, nadie lo recuerda con demasiado detalle en mi familia. Tampoco llegamos a escuchar cuán violentos habrán sido aquellos primeros años patagónicos. Las historias de esa época que escuchó mi generación se cuentan con los dedos de una mano: una mujer que murió incendiada en su vestido; dos huérfanos que trabajaron en las carretas; otra mujer que llegó al sur obligada; la hija que dejaron en España a donde nunca más volvieron. Pero este puñado de relatos escuchados desde chica en los largos trayectos que hacíamos con mi padre por la ruta o en una cocina, mientras alguien cebaba mate y mis tías repetían su versión de lo que habían oído, son algunas de las historias más potentes que escuché en mi vida. No por el contenido. Sé que los sucesos se parecen a los de tantas otras historias de inmigrantes. Como piedras ya trabajadas por el tiempo, estas historias reunían para mí la fuerza de lo que había sobrevivido al desgaste de los años y la belleza particular de la voz de cada narrador. Además, eran historias que habían sucedido exactamente en aquel paisaje agreste, el que mejor conozco y del que tengo impresiones más intensas: la misma meseta de matas bajas, la misma interminable claridad del cielo. Todo eso y el misterio de intuir que de esas pocas palabras y de ese gran silencio estamos hechos hizo que yo, por fin, encontrase el camino para mi escritura cuando me puse a contar a mi manera lo que había oído.

Creo que me fue posible escribir porque cada una de esas anécdotas me llegó modulada por las voces de quienes la contaban, con el detalle que decidían reiterar y el que callaban. Por ejemplo, mi tía Nora —la que quiso la libertad de no casarse, la que odia el viento y siempre aspiró a poner límites a nuestro avance de niños destructores— fue quien me contó el poema que abre el libro: la historia de esa mujer que hubiese deseado quedarse en otro lado, que no estaba interesada en la árida promesa patagónica, esa mujer llevada a la fuerza de la que yo también desciendo.

Me parece que también hubo en la escritura de este libro un intento de comprender la experiencia de esos inmigrantes que llegaron a un lugar completamente extraño —agreste y duro incluso en su belleza— y lo convirtieron en hogar. En mi infancia, vi llegar turistas de todo el mundo que miraban con asombro lo que para mí era habitual. La imagen de la cola de la ballena en los folletos, las ballenas en la literatura, se mezclaban en mí con la voz de mi abuela contando con una elocuencia muy diferente —hecha casi exclusivamente de insistencia— su propio asombro. Mi sensación al escribir este libro e intentar tirar del hilo de lo que había escuchado era que ellos hablaban de su mundo sin querer o sin necesitar alejarse mucho de lo concreto. En principio no sentí eso como una falta, sino como una forma de comprender, de vivir, tan válida como otras. Una forma que también reconozco en mí, pero solo en parte, y a veces me despierta una fuerte nostalgia.

Ahora pienso que estos poemas intentan integrarse a una historia compartida y a la vez señalan constantemente la diferencia. Son poemas que, desde la diferencia, hacen un gesto de apropiación, que encuentran su verdad en ese contrapunto.

Este libro escuchado desde la infancia, después creció con lo que fui preguntando y oyendo, inventando y mezclando. Con el tiempo ya no fue solo acerca de mi familia; muchas voces se fueron juntando ya no sé de qué manera.

El resultado son estos poemas hechos de cantidad de voces y de grandes silencios, que comparten el mismo espacio y arman un recorrido en el tiempo, que empieza cuando ellos llegaron y termina antes de que yo naciera.

—CLAUDIA PRADO

INTRODUCTION

When I think about my parents, about my aunts and uncles, when I try to find what they have in common, the first thing that comes to mind is their work ethic, the satisfaction they get from their everyday effort and its results. And then there is something more extreme, something that has taken me a while to put into words: they are too proud to want to rest. In a family so focused on the present, accounts of the past do not reach very far. A few climactic stories, stories that left scars, are happily retold. But even then, even the oldest of these stories are only as old as the previous generation.

I always felt my people were made for living in the aridity of Patagonia. I would not be able to imagine them anywhere else—it is as though they and their place are one and the same. That said, this place was not theirs. Other people were in Patagonia before my ancestors, before even their ancestors. Not that long ago, we were foreigners.

My paternal family line descends from Basque and Galician immigrants who arrived in Argentina around 1880. They did not settle in Buenos Aires, the capital city, but instead continued south. Their journey to Patagonia was gradual. They lived for a while in the province of Buenos Aires, and then searched for a place that would allow them to raise the few sheep they had managed to buy during their years of travel. They arrived at a land where, despite its barrenness, they could make use of their shepherd's knowledge, which they had brought with them from Europe.

No one in the family remembers any of this in detail. Neither did we hear about how violent it must have been during those first years in Patagonia. The stories shared with my generation can be counted on one hand: a woman who died while burning in her dress; two orphans who worked the wagons that carried goods north; another woman who came to the south against her will; the daughter who was left behind in Spain, a country to which they never returned. But this handful of stories—which I heard as a girl in the car while my father drove on long road trips, or in the kitchen while someone prepared mate and my aunts repeated their versions—remains some of the most powerful I have ever heard in my life.

But not because of the content. I know the events in them were similar to the stories belonging to many other immigrants. For me, these stories are like rocks made smooth by time: they combine the resilience of what survived with the elegant nuance offered by each narrator. These stories also belong to the place I know best, a rugged place that stays with me, intensely, even now: that same plateau of low bushes, that same endless, clear sky. All of that, and this: the sense that we are made of few words and a great silence. Once I understood that, I found the path toward my own version.

As my family told and retold a story, it changed according to the person who was telling it: what was repeated; what was not. I think it is because of this that I was able to write. For example, my Aunt Nora—the one who wanted the freedom not to marry, the one who hates the wind, the one who always tried to put a stop to our childish destructions—she is the one who told me the story that begins the book, the one about that woman who wanted to stay behind, who was not interested in the Patagonian promise, that woman who was taken against her will—my ancestor.

I think by writing this book I also wanted to understand the experience of immigrants who come to a strangely perfect landscape—wild and harsh, even in its beauty. And then make a home there. When I was growing up, I saw tourists come from all over the world to be shocked by what was, for me, normal. The image of a whale's tail on the cover of the tourist brochures and the whales I read about in literature commingled in my mind with the voice of my grandmother, which possessed a very different kind of eloquence, one built from her repeated insistence and her awe. While I was writing this book, while I was trying to string together the bits and pieces I had heard while growing up, I realized that my family talked about their world without wanting or needing to distance themselves from the day-to-day facts. I did not feel this was a fault, but a path toward new understanding. It helped me understand their way of life, understand it is as valid as any other way of receiving and sharing the world. I see their way inside me, sometimes, and then a fierce nostalgia shakes me.

Now I think that, although these poems want to integrate themselves into a shared history, they are also persistent in seeking the differences of history. They pretend to appropriate, then find their truth through counterpoint.

This book is made of stories I have heard since childhood, a book that grew as I kept asking questions, kept listening, inventing, and combining. With time it metamorphosed into something greater than my family. Other voices joined; I'm still not sure how. The result is this book, composed of many voices and also great silences, all of which share the same space and stretch of time, one that starts when they arrive and ends before I was born.

—CLAUDIA PRADO

EL INTERIOR DE LA BALLENA

THE BELLY OF THE WHALE

POEMAS

POEMS

soñé que tejía infinitas
hileras de crochet
que no formaban nada

—Vamos,
ya ven
no nos pone obstáculos
el paisaje vacío.

mis hijos andaban
por el campo desierto
con incompletos vestidos
sin ninguna puntilla

—Los hombres
y el viejo deseo
de llegar más al sur,
su padre no debía
traernos tan lejos.

copiaba a crochet
el inútil
fluir de mi tristeza

—No se entretengan.
Sigan a su madre,
a su flautista de Hamelin
con los pies doloridos.
Yo les canto
hasta que lleguemos
al pueblo.

1892 | HOMEMAKING

I dreamed I crocheted
without end, rows
of nothing

Come, come—
this empty land
will not stop us.

my children walked
across the dry field
their unfinished dresses,
their missing lace

South—that old wish
of men like your father.
We shouldn't be here.

without end, I crocheted
my rows of pointless grief

Come, come—
follow your mother.
I'm your Pied Piper.
I will sing you
all the way there.
Follow my sore feet.

en el sueño
no esperaba a mi marido
ni por las noches destejía

—Nos vamos sin él
pero no lloren.
Corramos
más rápidos que el viento
sobre la tierra plana.

el sencillo
mecanismo de la aguja
la esperanza de volver
a la casa de mis padres

—Ya sé.
Están cansados
pero que no nos alcance
no dejen
que los alce y los lleve
de vuelta.

Sola y a pie
desando el camino.
Todavía cae
la tierra
que levantó su caballo.
¿Se podrá
convertir la tristeza
en virtudes domésticas?

I dreamed
I did not wait for my husband
I did not weave, then unweave my nights

He's not here.
Don't cry. Run.
We will run harder
than the hard wind.

each stitch and loop, my prayer:
may the motherland take us back

I know you're tired.
Don't let the wind lift—
Don't let—

Alone, I unwalk this road.
The clouds of dust
his horse stirred still falling.
Will sadness ever keep
a good home?

1

Fácil
en la lucidez de la mañana
la risa del peón
corta el aire helado
entre la casa y los galpones.
El patrón
con voz malhumorada
prefiere dirigirse a los caballos.
Mientras arrastran los recados
dos chicos
sonríen y murmuran,
para ellos
la burla es todavía
una destreza
en la que no pueden probarse.
Enseguida
los cuatro cabalgando
se alejan
y se hacen diminutos.
Alrededor de la casa
y de los álamos
el horizonte vuelve a ser
un círculo impecable.

1899 | THE DRESS

1

Easy
in the bright morning,
the worker's laugh
slices the cold air
between the outbuildings
and the house.
The boss will only talk
to the horses.
Two boys drag
their saddles in the dirt.
They smile, whisper—
they know they are
not men. Soon, all
will ride away, made
small. Around the house,
among the poplars:
the horizon, again.
A perfect circle.

Se movía en la cocina
disfrutando a su manera
la mañana
y el cuerpo descansado.
Afuera
el sol caía puro y sin calor
sobre las piedras,
el pasto, los zanjones.
Cuando el fuego comenzó
a trepar por su vestido
no recordó
que estaba sola.

Casi nunca
comentan los detalles:
el humo
detrás suyo por la puerta,
ella corriendo por el campo.
Prefieren repetir
que los hombres
como siempre estaban lejos
y hablan de las graves
definitivas consecuencias
de un descuido.

2

She moved through
the kitchen
in easy pleasures:
her morning,
her rested body.
Outside, the sun
came soft
to the stones
and grasses,
the trench.
When the fire
climbed her dress,
she didn't know
she was alone.

No one tells the details:
hot smoke behind the door,
her race across the field.
Instead they say—
The men were always gone.
They say *Carelessness
digs its own grave.*

3

Al atardecer
regresan en silencio,
dejan atrás
el cielo enrojecido
con una crueldad
que no descubren.
Mañana
va a haber viento, piensan
y no esperan más presagios.
Sobre sus cabezas
planea un aguilucho
en el aire vacío, transparente
nada anuncia la tristeza,
la cocina ennegrecida
ni los restos
de un incendio moderado
que a pesar de la sequía
no llega al tronco
de los álamos.

3

In quiet dusk, they come.
Their backs turned
to the inflamed sky.
Tomorrow, more wind,
they think. They don't
expect the land to know.
Overhead, a raptor hunts
the empty air, transparent
nothing tells the sorrow.
The soot kitchen, what
remains. A drought,
and look: the poplars still
stand tall.

1900 | EL VIUDO

la siesta
en la habitación a oscuras,
seguías con el dedo
una imperfección del revoque
incapaz de comprender
las obligaciones de un hombre
te ocupabas
de tus pequeñas nostalgias

dejaste en orden
la ropa, las ollas,
la mesa
con furiosas puntillas
clausurada la casa

1900 | THE WIDOWER

in rooms abandoned
by light, siestas
the crack in the wall
retraced by a finger
you didn't care
about the work
of real men, instead
you were occupied
by small nostalgias—

you left the order
of pots and pans,
clothes, a table,
our furious lace,
this house, stitched
shut

1903 | EL SOBRINO

mi nombre va de boca
en boca
como un eco, un chisme
repetido por costumbre
quiere decir
traer el agua
encender fuego, empujar
con manos, codos
y cabeza
fardos más grandes
que personas

mi nombre a la vez
sirve de queja
entre el abrir y cerrar
de las tijeras
y las ovejas
lastimadas en el apuro
de la esquila

no me tratan como a un hijo

pero de noche
al costado del camino
eligen para mí
la mejor porción de asado
así mi crecimiento
es mérito de todos

y me dan
tragos de un vino oscuro
que me hace
tropezar entre sus piernas
riendo a carcajadas

1903 | THE NEPHEW

from mouth to mouth
my name, an echo,
a rumor, meaning:
fetch the water
light the fire
shove hay bales
big as people
with your hands,
elbows, head—

my name, a swear
grunted among
scissors, the rush
of shearing,
the sheep's wound

It's clear: I am not their son

but at night
by this roadside
they save me
the best cut of meat—
how proud I make
them—

then they pour me
dark wine
so I will trip
and I will laugh
loud

hasta que ya no distingo bien
qué dice uno quién
es otro
y me ofrezco como excusa
de burla
o de consejo
para demorar el miedo
y no ser otra vez
el último despierto
el único que escucha
lejos
el paseo sigiloso
de un zorro
¿o un fantasma?

so I can't hear
who is saying what:
keep telling me
what to do, keep
laughing at me,
stay awake and laugh
at me I don't want
to be the last one
awake and afraid again,
listening to the silent
steps of the fox,
or is that a ghost?

1908 | REGRESO

Un hombre cierra los ojos,
se deja conducir.
De todas formas
el caballo siempre vuelve.
Como se acaricia
en la oscuridad a un amante
y se lo invoca por partes,
discontinuo
según el deseo lo prefiera,
el hombre que regresa cabalgando
compone y descompone
la meseta amarilla bajo el viento suave.

1908 | RETURN

A man closes his eyes,
lets himself ride.
The horse knows the way home.
Like a lover in the dark
who loves
in parts,
as lust wants,
the man who returns
creates, then destroys
the yellow mesa
under the silk wind.

1918 | BARRACA

Golpean los dados, giran
nuevamente
sobre el fieltro oscuro
se detienen antes o después
de lo que esperaba.
Las primeras paladas de yeso
golpean la pared,
me da risa estar en cuclillas
y empezar de nuevo.
Aunque pagan bien
tantos metros blancos
perfectamente lisos,
yo en las paredes
veo la cara pura de un dado
que aún no marcó la suerte.
"El próximo tiro
lo ordenará todo"
pero cada vez que caen
los dados y giran en la mesa
pierdo y me encuentro
cubriendo de nuevo
paredes de yeso,
de abajo hacia arriba
como pidiendo a Dios
perdón por tentarlo.

1918 | CRAP OUT

On the dark felt table
the dice hit and spin.
They stop too early,
too late. The first plaster
slaps the wall. I can't help
but laugh—squatting,
starting over. All this
smooth white pays good,
but what I see in these walls
is the face of clean dice
not yet wise to their luck.
*My next throw will fix
it all*—but every time
the dice spin, I lose and
find myself plastering
again, starting again—
down, up and on
my knees, groveling
to the same God
who got me here.

Con un tiro idéntico
a los otros entendí mi suerte:
dejé juego y trabajo,
eran la misma cosa.
Ahora
cuando duermo en la calle
y me despierto golpeado
sé que es Dios,
que me persigue y me pega.
Ya no tengo nada,
sólo mi desgracia
tan fiel que la cuido
como otros lo que ganan.

Every throw, the same
until I understood:
every throw is the same.
So I quit them both,
the game and my work.
Now when I sleep
in the street and wake
beaten, I know it is God
who hits. All I have is
luck, bad—but loyal.
I tend it, just as anyone
does what they've won.

con movimiento diestro gira el volante
el otro brazo acodado
sobre la ventanilla del Ford T
sostiene un cigarrillo
que podría incendiar el campo
las dos mujeres atraviesan una planicie demudada
por la luz oblicua de la tarde
ignoran al niño que en el asiento de atrás
extiende los brazos para sentir el viento
más allá de las mesetas se ve un atardecer
pintado para amantes

1922 | A RIDE

with one deft arm she turns the steering wheel
and hangs the other out the Ford's window
ashing a cigarette that could set fire to the whole Earth
two women crossing a plain changed
by that slant evening light
ignore the child in the backseat
stretching his arms to feel the wind's touch
out past the mesas, the sun paints the sky
for lovers

1929 | ABANDONO

El primer sol otra vez
en el aspa del molino,
ese brillo
momentáneo
de cosa de vidriera.

Desde hace días,
nada más.
Una lluvia,
y los arbustos
empezarían a crecer
en el camino sin uso.

Tampoco hay qué escuchar.
La casa
suena a mí y el campo
a lo que cruje en mí
con el andar del caballo.

A veces silbo
—para oír algo más—
o pruebo mi voz
como si fuera la suya.
"Fermín" diría
pero no así, sino
más claro y más fuerte
porque al fin
habría vuelto.

1929 | LEFT

In the windmill's turn,
the first sun glints again,
a fast flash, a bauble
in a shop window.

For days,
nothing else.
A rain, and the scrub
prone to grow on the dead road.

Silent—
this house
sounds like the field,
like what creaks in me,
a horse canter.

To hear anything else,
I whistle
or try my voice
as hers. *Fermín*,
she'd say, but
clearer, stronger
because, like that,
she will be with me.

Y se vería contenta,
con algo nuevo en la ropa
conseguido en el pueblo,
algo a la moda
todavía con el brillo
que tenía en la vidriera.

And wouldn't she look like joy,
wearing that new bauble
she must have bought in town,
still shining from its window.

1938 | CETOLOGÍA

no es el gusto
de caminar entre las piedras
el extremo del vestido
borroneado por el viento

ojos de arponera
por supuesto ojos avizores
para no dejarse confundir
por el golpe de las olas

ser la primera que distingue
un lomo oscuro
como una isla intermitente
a la deriva

la que sabe dar
con la mirada en donde saltan

mi abuela
se hacía entender
por insistencia:
podía contar una y otra vez
el camino
que recorría para verlas
una y otra vez y repetir
que por fuera
las ballenas son enormes
enormes e increíbles
como casas que saltaran

para qué pensar
en qué tienen adentro

1938 | CETOLOGY

it wasn't for pleasure,
walking among the crag
her skirt's hem,
the wind's scribble

her harpoon eyes
her sentinel sight
not distracted
by pounding waves

she'd be the first to spot
the dark back rising
like a sudden island
adrift

she alone could target
and declare their breach
with a look

my grandmother
made herself known
again and again:
again and again
she'd name the road
she took to watch them
again and again
she'd say, on the outside,
whales are huge
huge and impossible
like houses that leap

why think
about the inside

otros hablan
del espacio interior
de una ballena
lo completan con Jonás,
Pinocho, un hombre
que cocina, ella
coleccionaba sólo
imágenes rotundas

others talk
about the belly of the whale
they fill the story with
Jonah,
Pinocchio,
that guy who cooks
my grandma—
she trusted
what she saw

1942 | EL LADRÓN

La carrera continúa
por encima de las casas,
la brea
de alguno de los techos
retiene brevemente
mi zapato,
también las piedras
que caen detrás nuestro
y golpean con las chapas
parecen algo mío.
Afición precoz
al robo de gallinas,
por el gusto
de sentirnos peligrosos.
Como otra regla
de este deporte viejo
mi cuerpo me precede
cambiado por el vino.
Se dice
que me quedan unos días
ligeros como el ritmo
de mis pies contra los techos.
Mientras corro
nombro igual que el médico
mi enfermedad
con términos científicos.
Toco el suelo
antes que los otros,
un alambre tejido
corta la oscuridad
en leves rombos.
Sé que estoy mintiendo
pero grito:
"son tan flacas

The race continues
across the roofs.
My shoe catches on tar,
and pebbles crumble,
fall, clanging, reminding
me of me.
Stealing chickens.
That old game, danger.
My body knows the rules.
It runs without me,
wine drunk.
I've been told
my days are done,
fleet as my feet
on these rooftops.
Like a doctor
I call my disease
by its name—
I hit the ground
before anyone else.
Fence wire flashes,
small night diamonds shine.
I lie: *They're so thin*
they're not worth it!

que da bronca", en lugar
de las ganas de robar
vienen ganas de matarlas.

Cansado,
me resigno a que me atrapen,
a mi alrededor
yacen seis o siete cuerpos
de gallinas redondas,
inertes como piedras.

Forget stealing.
Kill them
Kill them just to kill—

I know I'll be caught.
But all around me,
round chickens,
still as stones.

1947 | NAUFRAGIO

1

Hace años
repito como excusa
o trabalenguas
una frase que no entiendo.

Zapatos, cajones
un pañuelo de señora
el mar
era un catálogo confuso
de lo que se había
vuelto inútil
y de pronto
surgía una cabeza,
una boca
ansiosa en busca de aire
y las manos
se aferraban
al costado de los botes.
Hasta que uno decidió
que éramos demasiados.

Repito: "Lo maté
para que no muriera
el otro allá en el agua".

1947 | SHIPWRECK

1

For years I repeat
what I don't know
like a riddle, like
an excuse.

The sea was a sea
of the useless—
lost shoes, a chest,
a woman's scarf—
then a head.
A mouth gasping,
hands grasping
for any boat's bow,
until one of us said we
just don't have the room.

I took a life
to save a life—
I repeat.

2

En alta mar
el hombre que salvé
me prometió un campo
y animales.
Sin saber que cumpliría
—la tierra
era el recuerdo más lejano—
pregunté si también
eran mías las riquezas
que el mar se había tragado.

2

The one I saved promised me
livestock, land.
Who remembers land?
I asked him what it's worth,
all the gold this sea
swallowed.

1

Un día sí
oigo en mi puerta golpes apurados
¿va más veloz el corazón
del que siente que lo esperan?
¿o cuando golpea se da cuenta
de que también acá
pasó otro día?

Soy vieja y ahora llegan
enamorados impuntuales
e imaginan lo peor
de este lado de la puerta:
mi muerte
en lo más quieto de la casa,
el único hecho de mi vida
que no podré negarles.

Tampoco hoy los esperaba
¿no ven el plato para una,
al lado el vaso, la cuchara
y una sola servilleta?
Sigo bien, claro
sin cuidarme de si converso
o no con las visitas
estas otras que a mi gusto
he inventado.

1949 | THE SPINSTER

1

Yes, I hear the rushed
knocks at my door.
Does the heart beat
faster if it believes
someone is waiting?
Or does it know—
today is just a day.

Now that I'm old
they come, late lovers,
fearing the worst
on this side of the door,
fearing that when I die
I will have died
in the quiet back room.
The only secret I can't
keep from them.

I didn't expect them
today. Don't you see
the table set for one?
The plate, the glass,
the spoon? My napkin?
Of course I'm fine.
Who cares if I talk or not
with others. I like
the company I keep
in my mind.

2

Fui la tercera, la que mira,
oídos bien dispuestos
si alguna vez
regresaban de la cita.

Supe más de ellos
que ellos mismos,
cuál fue el paso afortunado,
el corte de los naipes
responsable de su dicha
y también el saludo,
la sonrisa,
ese gesto con la mano
que mejor no hubieran hecho.

"No se equivoca
el que nada hace", les decía,
y dejaba que tomaran
verdad por indulgencia.

3

El cura y yo parecíamos
con el tiempo una pareja
en misa, en las cenas familiares,
piezas impares convertidas
en piezas compañeras.

Pero a casa volvía sola,
a recordar lo que había oído
y dar vuelta las palabras,
piedras que en la otra cara
tenían más sentidos
aferrados
como pequeños animales.

2

I was the third one.
I was the one
who watched,
the one with ears
tuned to hear
when they came back
from their dates.

I knew more about them
than they did, how
their luck was set,
how their cards fell
to happiness—the hello,
the smile, the mistake
of a wave.

*A person who does nothing
makes no mistakes*, I'd say.
Let them drink truth
like wine.

3

We looked like a couple,
the priest and me.
At Mass, family dinners.
Two odd puzzle pieces,
paired. Partners,
sort of.

But I'd come home alone
to think about all I'd heard,
turning words over like stones.
Intentions, like small insects clinging.

Decían "mi hogar" y querían decir
el mar por el que nunca
habían viajado.
Decían "los hijos crecen"
por no decir
el cuerpo viejo, la muerte,
el deseo no se domestica
aunque de jóvenes
bailemos más, seamos más bellos,
riamos todo lo posible.

4
Y si no encuentran
lo peor de este lado de la puerta
se quedan
a recordar de qué manera
un saludo, una sonrisa
se fueron haciendo viejos.

Después dirán:
"por la tarde
estuvimos alegrando
a la que estaba sola".

They all talk of home
but what they want
is the sea, which
they do not know.
They all say: *Kids grow up*,
so they don't have to talk
of frail bodies, death,
desire not domesticated,
the best young days gone,
days of dancing, of laughing
as much as we could.

4
And if the worst isn't
on this side of the door,
they stay—to make me
smile, to remember
the way a smile, too,
grows old.

After, they'll say:
She's all alone.
In the evenings
we try to go by.

1950 | EL MAGO

Descolorido
como el rey
de estos naipes engrasados
sólo algunos hombres
con gusto decadente
piensan que tengo suerte.
Los otros
casi todos en el bar
se refugian en sus juegos.
Me conocen
y saben que los rondo,
sus miradas
se cuidan de la mía
como yo
me cuido de mi sombra.
No sé si temen al ridículo
o a tanto gesto repetido,
anillos encontrados
y cartas pegadas en el techo.
No quieren entregarse
y yo también estoy cansado.

Por fin, comienzo:
"Emiliano tiene
el anillo en la bragueta".
Y señalo
al que acaba de llegar
cuando aún
entra frío por la puerta.
Están perdidos.
Todos vuelven
sus cabezas para verme:
malevo, alzo el anillo
con un gesto

Greased cards,
a worn king, and me..
Only losers could think
I have good luck.
But then again, everyone
here hides behind games.
I circle the room,
a hawk. The regulars
avoid my stare like I do
my own shadow. What's
to fear—believing in
a few found rings? Cards
floating to the ceiling,
again? I don't blame them.
I'm tired of it all, too.

So I start. *The ring—*
it's on Emiliano's fly!
I point out the guy who
just got here, a draft still
coming through the door.
Blank stares from the crowd.
I raise the ring into the air
with a move I used to rehearse,
when I used to rehearse.

que alguna vez había ensayado.
"Vamos —digo—
quién me juega
una partida por la cena".
Si en el bar hay un viajero
es un alivio,
me miran por sus ojos.
Al fin dejo de ser
una rareza de entrecasa.
Gano, por supuesto,
mi contrincante ve en la mesa
un as, un cuatro,
un doce.
Nunca desperdicio.
Pero mi cansancio es imperioso
y en la segunda mano
canto "falta envido".
Antes de pedir la cena,
para no disgustar al visitante,
lanzo una lluvia
de naipes contra el techo.
Allí los dejo.

Mi explicación
como sacada
de una novela de señoras
en la que el novio fuese un mago:
"De este don puedo vivir
pero no puedo enriquecerme".
La verdad es que primero
vino el don y después
vino la desidia.
Ellos dicen
que mi padre era trivial
en su simpleza
él pensaba

Come on, I say. *Who wants*
to play a game for dinner?
Then I spot a drifter
at the bar. A relief.
The regulars will now see me
through his eyes.
The drifter sees the table:
an ace, a four, a twelve.
Waste not, want not.
But I'm tired, so by
the second hand I shout—
Falta envido— I win.
Just to please the guy,
before I order dinner
I throw a rain of cards
against the ceiling.
I leave them there.

My gift gives me life,
real wealth—
I say, as if I'm
in a romance novel
where the groom is
a magician.
The truth is
first came the gift,
then my boredom.
Everyone says
my dad was simple.
So simple he thought
I was a freak.

de mí que era monstruoso.
Si me viese de noche
en mi cuarto de hotelito
da lo mismo
pegar cartas en el techo
o sonarme los nudillos.

Mientras espero la comida
pienso: "Un rey
define torpemente la jugada".
Pero veo a dos mujeres
avanzar por el camino,
de negro
parecen rezagadas de un velorio,
un acto solemne
que lo vuelve
a uno irreverente.
Imagino sus cuerpos
empecinados contra el viento:
las desnudo
y se las muestro.
Ya el primero las ha visto.
Enseguida los demás
son un racimo en la ventana.
Algunos, atrevidos,
se agolpan en la puerta.
Entre ellos,
aún más mudo que los otros,
también está el marido.
Sé que esto es una ofensa
gratuita, prodigiosa.

Aunque el doce sea una carta
que se olvida
esta noche estoy contento.

If he could see me
in my boarding room—
what's the difference
between flying cards
into the night air
and cracking knuckles?

While I wait for my food
I think:
The king's clumsy,
but he wins the hand.
Then I see two women
outside walking, dressed
all in black, like they're
bringing up the end
of a funeral march.
Look at their bodies,
winning against the wind.
I make them my joke.
I take off their clothes.
The first guy sees,
then the others
bunch up at the window.
The bold crowd at the door.
The husband—silent.
I know what I've done.

The king is a card
that people forget.
But tonight, tonight
I was happy.

1954 | ESPOSOS

Te seguí una mañana
hasta el final del camino
y juntos
miramos el mar, el cielo
y las hojas
carnosas y brillantes
que había dejado la lluvia.
—¡Qué día
para olvidar el trabajo
y disfrutar del paisaje!
—No sé— dijiste y vi
que la mañana
de verdad era fría
y no había qué hacer
en la playa desierta.

1954 | SPOUSES

At dawn I followed you
to the end of the road
and there, together
we looked. The sea,
the sky, the shine the rain
gave the leaves, carnal
and bright. *What a day*
to forget work and just look!
I don't know—you said,
and then I saw the morning
was cold and the beach
abandoned. We had nothing
to do.

1957 | LOS HUGHES

Son cinco,
una pandilla.
Saben por el cine
que la suerte se reparte.

El primero, hábil
e insensato
parece haber nacido
para robar ganado.

El siguiente es generoso
y siempre hace favores
que nunca se le deben.

Al tercero
inútil como un niño
lo dejan adelante
porque no conoce el miedo.

El cuarto no se nota.
Se confunde con las matas
tan a gusto
está en el campo.

Y hay otro
de lógica inmutable
que administra el riesgo
como un negociante.

They're a gang of five.
But they watch movies
so they know luck
is dealt card by card.

The first, skilled:
but a fool, born
to raid cattle.

The next, generous:
he does for others
without thinking
who will do for him.

The third, idle as a child:
he has no fear—
so he will go first.

The fourth, natural:
a guy so at home
in the field he
might be brush.

And the last:
good sense.
A baron of risk.

Saben que la suerte
se reparte, pero el héroe
debe ser valiente:
a la hora de la cita
la novia queda sola
el vino sin beber
y suspendido
el consejo de la madre.

Juntos
recorren a caballo
el terreno de la noche
como si fuera de ellos.
Como si no estuviera
prohibido tantas veces
por cinco
o seis alambres.

"Este, el otro lado
para nosotros
es lo mismo:
leguas y animales
que sobran a su dueño".

Les gusta
saltar los alambrados,
medir su puntería,
sentir
sin confesarlo
que tienen
un gesto de John Wayne.

They know luck
is dealt card by card—
but the hero, he's the one
with grit. Tonight
a girlfriend is alone,
wine is left untouched,
and a mother's words
ignored.

The Hughes ride
the dark country as if
it is theirs, as if
they are not banned
by a fistful of barbed wire.

Their land, my land,
who cares. Here even
the livestock is surplus.

They measure their aim,
jump the fencing, each
keeping secret their
John Wayne dreams.

Y también pueden
si alguien los descubre
echarse
la culpa uno a otro
tan rápido
que llegan a gastarla.

And if they are caught,
their loot of luck
will get spent quick,
by blame.

1961 | EL PATRÓN

Vuelvo
cuando ya no queda luz.
Cerca de la casa
andan los perros
como sombras más espesas.

Te escucho reír
pero no quiero
ver tu boca abierta,
esa entrega de tus ojos
a la pared vacía.

No quiero
que me cuentes que lo ves,
también yo lo encontré
en el campo, igual
a cuando estaba vivo.

Esta vez
sí llegó de lejos.
Atravesando los arbustos
con su cuerpo
acostumbrado a un camino
sin obstáculos.

Te reís porque vino
a decirte que sos fea,
como siempre
la más fea pero suya.

1961 | THE BOSS

Once the light is gone,
I return. The dogs walk
close to the house
like thick shadows.

I hear you laughing,
but I don't want
to see you, your mouth
open, your eyes seducing
a blank wall.

I don't want to hear
you say you see him.
I saw him, too.
There, in the field,
as if he were alive.

This time he came
a long way. Through
the thorns, the shape
of a man who stopped
at nothing.

You're laughing
because he came to say,
as he always did,
You're ugly.
You are the ugliest,
but mine.

Sabía tratar a las mujeres.
Vos lo dejabas
perseguirte por la casa
y yo hacía ladrar los perros
para no escucharlos.

Una vez te vi llorar:
él dijo
que ibas a ser mi esposa
y nos reímos juntos
de vos
escapando sin sentido
por el campo.

Te cedió
como a una pieza peculiar
que yo no valoré
por mi ignorancia.
Pero el deseo es contagioso.

Ahora quedamos
uno junto al otro,
dos herramientas en desuso.
Me dejás tocarte
algunas noches
para que todo siga igual,
para que él vuelva
cada tanto a vigilarnos.

He knew how
to treat a woman.
He'd chase you
around the house,
and you'd let him.
I'd get the dogs
to bark just so I'd not
hear you.

I saw you cry, once.
The day he said you
were to be my wife.
You tried to run away
through the field
as we laughed.

He ceded you to me
like a rare piece that I
was too dumb to value.
But want breeds want.

Now we are joined
to each other, two
stuck gears.
You let me touch you,
some nights.
So that we stay the same.
So that he'll come back,
to watch us.

1965 | ÁNIMA

me pregunto qué parezco
acodada en la ventana
del Chalet Pujol

para qué exhibo
unas horas cada noche
este ademán de niña antigua

primero llegaron desde Europa
los mosaicos, el mármol
y las tejas,
entre las matas bajas crecieron
exóticas pilas de cajones

entramos,
un poco atontadas por el viaje,
el chalet encima de la loma
parecía un castillo
precioso en una torta

de qué se asustan
si por años
me han visto aquí juiciosa
como si posara para mi retrato

es verdad que caí
desde la ventana más alta
con mi mejor vestido

pero desde entonces
las luces han pasado
la primera curva de la playa
y yo sólo alguna vez
los saludé de lejos

1965 | SOUL

what do I look like
framed by this window
at the Chalet Pujol

every night I am a show
a pose of a girl from
another time

they came from Europe
the mosaics, marble, tile
among the scrub grew
strange stacks of crates

numbed by the trip
we women walked right in
a home on a hill
a castle on a cake

what are you afraid of?
for years, you've seen me
poised as a portrait

it's true that I fell
from the highest window
my best dress on

but each night since
the lights have crossed
the shore's first curve
and I have greeted you
just once, I have kept
my distance

si mamá quedaba sola
huía por la casa,
acechaba mi reflejo
sobre los mosaicos

se fueron
cuando no se pudo más,
detrás suyo los baúles
en filas de carretas

yo no sé
por qué aparezco,
obstinada heredera
de una perspectiva

mientras espero,
el aspecto de las cosas
va cambiando

apenas me consuela
invariable como yo
la distribución de las estrellas

back then, mother
would run away
among the rooms
hunting my face
in the mosaics

they left when they
could no longer take it
behind them a trail
of crates and wagons

I don't know
why I appear
the stubborn heir
to one way of seeing

but while I wait
the world changes

cold comfort
this map of stars
fixed like me

FILOSOFÍA YOGUI

YOGI PHILOSOPHY

1911 | LA PARTIDA

Cincuenta años sin noticias
daban a la historia
prestigio indiscutible,
olvidados los detalles
quedaba un esqueleto
de novela
que podría ser de Dickens:
eran huérfanos y un tío
les había robado el campo.
En nuestros juegos,
de los dos hermanos
preferíamos ser
el chico de escopeta
sosteniendo su caballo
y diciendo que se iba
para no matarlo.
Una buena escena
que no exigía variantes:
empezar
con el gesto heroico
del que cierra una cuenta
de la mejor manera.

Fifty years, no news.
That's how to make a story
untouchable.
Drop the details.
Just the framework
of a Dickens tale—
orphans,
an uncle who stole their land.
When we were kids
pretending,
we'd choose to be
the shotgun boy,
the one who holds the reins
of his own horse,
saying:
If I don't go,
I'll kill him.
A good scene,
with no edits.
Start with the hero,
with the one who
cancels the debt
in the good way.

1963 | NOTICIAS

Ante la exaltada
actitud de la familia
mi abuelo
estrujó la carta en una mano
y se encerró con las gallinas.
En pocas horas repasó
y decidió olvidar
sus viejos argumentos:
la partida que fue
para él un abandono,
el peso del final
abierto que por años
lo obligara a buscar
los nombres de muertos
que había en el diario.

Después, sentado en su sillón
bajo una foto de mineros,
demorando por ahorro
el encendido de las luces
explicó que su hermano
ahora sí estaba muerto.

En capital
heredó un departamento,
mandó al campo
la colección del *Reader's
Digest*
y los libros de ocultismo.
Para ser mejores una tarde
robamos un tomo
de filosofía yogui y otro
de los rosacruces:
el pie para la anécdota.

1963 | NEWS

When faced with the family
drama, my grandfather
wadded up the letter
then locked himself in
with the chickens.
After a few hours,
he chose to forget his old fights.
The leavetaking that was for him
an abandonment.
The weight of silence
that for years after
would force him to search
the daily obituaries for names.

Later, in his armchair,
under the portrait of miners,
too cheap to turn on any lights,
he explained: his only brother
was now dead.

He inherited
an apartment in the capital.
As for what he sent back
to the countryside—
the *Reader's Digests,*
some books on occultism.
We wanted to be better people,
so we stole away the tomes,
one on yogi philosophy,
another on the Rosicrucians:
a new start to this story.

LOS DETALLES

La versión cambia
según quien cuenta.
Midió la luz
y disparó
a su cara en el espejo
con la meditada pulcritud
de los que viven solos.
Aunque la foto se perdió,
en el relato de familia
es el recurso más usado
por los melancólicos.
En general
a la escena de su hermano
le sigue con variantes
alguna de mi abuelo:
cada viaje a Buenos Aires
lo buscaba
con la pasión cansada
de los apostadores.

Una vez
contrató al más discreto
de varios detectives,
tan respetuoso
que coincidió con él
hasta en la falta de esperanza.

Su imaginación
con estilo típico
de fantasía romántica
nunca superaba
el primer encuentro.

THE DETAILS

The person who tells the story
chooses the kind of story told.
He measured the mirror's light
and, with the tidiness that belongs
only to those who live alone, shot
his own picture. It's lost,
but for those who tell the story,
it is the perfect accessory
to their grief. The thing is, after
the scene we loved—the brother,
the horse, the leavetaking—
a second scene begins.
My grandfather
searched for his brother.
Every one of his trips
to Buenos Aires, a gamble.

Once, he hired the most
private of private detectives,
so honorable
the guy admitted little hope
lived.

My grandfather, the dreamer.
He assumed happiness
ever after.

Años después
como siguiendo
el progreso de una herida
lo escuché contar
la cantidad de veces
que sin saberlo
habían estado cerca.

Mi versión
de la historia del pariente
suele terminar
en sus libros de ocultismo:
"antes de que los ojos
puedan ver
deben ser incapaces de llorar".
Se fue para no matarlo
pero después
vivir lejos
no resultó un sacrificio:
"Nada
de cuanto tiene conciencia
de la separación
puede acudir en tu auxilio".

It was like watching
a wound slow-heal.
For years after,
I heard him wonder:
how many times,
how many places,
how close he'd been.

When I tell the story
of his brother, I end it
with the books on occultism:
Before the eyes can see,
they must be done crying.
If he hadn't left,
he'd have killed someone—
but living far away
is no sacrifice:
One need not know loss
to find themselves.

EPÍLOGO:
UNA DISTANCIA QUE
REQUIERE PACIENCIA

Claudia Prado y Rebecca Gayle Howell en conversación con Travis Snyder,
editor en jefe de Texas Tech University Press

Travis Snyder: Claudia, de diferentes maneras este libro siempre ha
sido una obra de traducción. Aunque la lengua madre sea la misma,
migrar —a través de culturas y cruzando múltiples generaciones— es
una tarea de traducción. Cuando escribiste inicialmente *El interior de
la ballena* ¿en qué se asemejó ese proceso a la traducción?

Claudia Prado: Si bien muy pocas veces traduje poemas, sé que quien
traduce no solo presta atención al poema que tiene enfrente sino tam-
bién al significado que tiene cada palabra y cada verso dentro de la voz de
un poeta. De la misma manera, creo, mi atención al escuchar a quienes
contaban las historias de las que surgió este libro no sólo estaba puesta
en la anécdota sino también en el significado de determinada palabra
o determinado detalle como parte de la voz de algún pariente o de la
voz de mi familia como grupo, de lo que en esta familia se solía narrar.
Ese interés, por supuesto, no tenía que ver con un esfuerzo documen-
tal, sino con lo que a mí me inquietaba, con aquello que encendía mi
propia imaginación.

    Yo tomé esas anécdotas y las conté a mi manera, en mi propia lengua,
la de una veinteañera que había migrado desde su pueblo sureño hacia el
norte, a la capital del país, para quien esas anécdotas eran parte de unos
modos de otra época que todavía atraían con fuerza su atención. Mi
lengua, como la de cualquiera que se aleja de su lugar de origen, había
ido cambiando por la cercanía con otras formas de mirar y otras voces
con las que tenía algo en común, pero también muchas diferencias.
Pienso en la mirada de mi maestra, la poeta Diana Bellessi, la primera
lectora de estos poemas, que sabe escuchar y hacer las preguntas que

los poemas necesitan para existir. También recuerdo muchas lecturas de esa época, muy diversas entre sí: Susana Villalba, María Moreno, Edgar Lee Masters, Machado, la poesía de Margaret Atwood, Rulfo.

Si hablamos de la traducción como metáfora del proceso creativo, creo que lo que hice fue traducir las anécdotas que había escuchado toda mi vida a una lengua que yo misma estaba probando.

Aunque no soy traductora, recientemente viví diez años en los Estados Unidos, rodeada de un idioma que me resulta difícil, el inglés, y de muchas variantes del español, y descubrí que el ejercicio de traducción en la vida cotidiana hace que perdamos parte de la ingenuidad o la confianza que tenemos en la propia lengua. Me encontré muchas veces sospechando de palabras muy sencillas. Me parece que aquella primera mudanza dentro de mi país hizo que sucediera algo similar en la escritura de estos poemas, una nueva ajenidad en la forma de mirar lo propio, una nueva costumbre de no dar lo conocido por sentado. Esa ajenidad fue imprescindible para este libro.

Me divierte estirar las posibilidades de la comparación que sugiere tu pregunta, así que sigo. Supongo que cuando se traducen textos de un idioma a otro se tiene al menos una conciencia difusa de quién leerá. Yo no recuerdo pensar en quién podía leer estos poemas porque no me animaba a imaginar ni siquiera que podían llegar a ser un libro. Pero aún así tenía varios lectores cercanos. Algunos de los amigos con quienes compartía la escritura eran personas que venían de un mundo muy diferente al mío. Habían crecido mirando una película tras otra en los cines de Buenos Aires y, si los dejabas dos o tres días en la amplitud patagónica, parecían al borde de sufrir una crisis de ansiedad. Creo que, en esta escritura/traducción de lo familiar, yo quería que los poemas les resonaran a quienes pertenecían al mismo lugar que mi familia y yo y, también, a estos otros interlocutores muy urbanos.

Me parece que, con todas sus tensiones, la traducción puede ser a la vez una alianza y una recreación feliz en la que una voz se vuelca en otra y otra y otra. Estoy muy agradecida con Rebecca Gayle Howell por haber hecho suyas estas historias y estas voces, y con ellas la mía.

Travis Snyder: Los poemas avanzan cronológicamente y a cada título le corresponde un año. Juntos forman una novela en verso. Si esta novela se pensara exclusivamente como narrativa, ¿cómo explicarías su trama? ¿Qué tipo de historia es?

Claudia Prado: Al escribir este libro, robé recursos de la narrativa pero no pensé en términos narrativos. Me gusta la libertad que ofrece la poesía, los formatos breves, los fragmentos. La posibilidad de irse por las ramas y volver de acuerdo a unas exigencias rítmicas y materiales, mucho menos conceptuales que las de la narrativa. También me gustan algunos artificios exagerados comunes en la poesía como el intentar dar cuenta de un destino en unas pocas líneas.

Los años que acompañan los títulos fueron más bien un guiño, un rasgo que tomé prestado de las novelas o las películas con la idea de producir una sensación y de señalar que había una relación de espacio y tiempo entre los poemas, pero sin la voluntad de responder verdaderamente a lo que se espera de una narración extensa. Quería que este libro se pudiera leer en orden cronológico o abriéndolo en dónde fuera.

Siempre empiezo a escribir sin saber hacia dónde voy y, después, naturalmente me sucede que termino trabajando con alguna idea que funciona como eje del libro. Sin embargo, sigo pensando cada poema como una unidad que quisiera que tenga todo lo necesario para ser leída de manera independiente.

Por otro lado, como lectora no disfruto las largas novelas experimentales o los largometrajes que dejan de lado los recursos clásicos de la narración. En la extensión, mi atención necesita esos recursos. En cambio en los formatos breves, cuando tengo permiso para detenerme y volver, prefiero los textos que se salen de los géneros y van inventando su forma.

Rebecca y otras personas que leyeron antes *El interior de la ballena* lo vieron como una novela en verso. También a mí eso me parece posible, pero tal vez no se trata de que los versos vayan dando lo que necesita la novela, sino de que sea la novela la que preste lo que necesitan los versos.

Sé que tu pregunta sobre el argumento lo que propone es un juego. Tratando de contestarla, me acuerdo de que hace unos pocos días leí el informe que la maestra le escribió a mi hija acerca de sus progresos en tercer grado de primaria. Entre otras cosas le decía: "Muchas veces tenés tanto para incluir en tus textos que te cuesta escribir el final".

Creo que algo parecido pasa con estos poemas. Dicen estar contando la historia de personas que migraron a un lugar muy lejano y extremadamente agreste y que, en menos de un siglo, parecían ser parte del paisaje y haber olvidado que venían de otro continente. Pero, al igual que mi hija, este libro hace una promesa que después no puede cumplir porque se va por las ramas y se entusiasma con las historias secundarias y los detalles: el brillo del sol en el aspa de un molino, los restos de un naufragio, la niña fantasma asomada a una ventana, el rojo del atardecer, la insistencia del viento.

Travis Snyder: Este libro será parte de una serie de publicaciones dedicadas a comprender cómo es vivir en los desiertos. Claudia, me llamó la atención una frase en la introducción: los conocimientos de pastores. Conocimientos que son una habilidad —una epistemología— particular. ¿Podrías definirlos con un poco más de profundidad? Pienso que los conocimientos de pastores podrían ser especialmente útiles en un lugar que, a primera vista y por no tener rasgos distintivos, parece difícil de recorrer. ¿Qué habilidades ayudaron a tu familia a encontrar su camino a través del desierto? ¿Qué podemos aprender de ellos y del desierto en sí?

Claudia Prado: Hablando de traducciones, supongo que ellos se vieron en la obligación de traducir lo que sabían de la cría de ovejas en una zona fértil, con campos poco extensos, como el País Vasco, a la infinidad desértica de la Patagonia. Pero la verdad es que no sé en qué consistió exactamente esa traducción. Acabo de hacerles tu pregunta a mi tía Chela y a mis hermanos, porque ellos siempre recuerdan más que yo. Ella, que antes me había dicho esa frase que te llamó la atención: "traían el conocimiento de pastores", ahora, puesta a comparar, exageró para hacerse entender: "acá las ovejas no se pastorean igual que allá, andan sueltas". Esto es porque en la Patagonia, como seguramente sucede en muchas zonas de los Estados Unidos, se hace una ganadería extensiva, los animales se alimentan con los recursos naturales, buscando la comida en áreas poco fértiles pero muy grandes. Los recién llegados, eligieron para establecerse los lugares con agua. Si había una laguna, ahí construían la casa. Con el tiempo, comenzaron a subdividir esas grandes extensiones para hacer más eficiente el trabajo, para mantener a los animales cerca del agua y para poder cambiarlos de lugar y darle descanso a la tierra. También aprendieron a hacer jagüeles, pozos muy profundos, casi sin herramientas. Supongo que esos habrán sido los grandes desafíos para adaptarse: por un lado, aceptar las condiciones del desierto patagónico —agua y alimentos medidos en oposición a un espacio que parece fuera de toda medida— por otro, trabajar con tenacidad para que el desierto sea lo más habitable posible. Con el tiempo, supieron cómo administrar el agua, la comida, la distancia.

Mi papá, que conocía los trabajos del campo pero, a lo largo de su vida, tuvo muchos oficios, parecía haber nacido para recorrer kilómetros y kilómetros de ruta en silencio hasta llegar al próximo puesto, al próximo almacén, al próximo pueblo. Semejantes distancias ejercitan la paciencia, el conocimiento detallado del paisaje, la introspección.

Travis Snyder: Rebecca, has publicado varios libros de poesía y también has trabajado en varios proyectos de traducción. ¿Podrías hablarnos un poco de las diferencias y similitudes entre estos dos procesos? ¿Nos podrías contar acerca de tu forma de trabajo durante un proyecto como este?

Rebecca Gayle Howell: W. S. Merwin me enseñó que traducir poesía es la mejor manera de aprender cómo escribir un poema. Eso ha sido muy cierto en mi trabajo. Como han observado otros traductores literarios antes que yo, cuando escribimos un poema, estamos traduciendo de una fuente: la voz más íntima e inefable, el canto silencioso, que llevamos dentro. Incluso cuando escribo un poema en inglés, me enfrento a los límites, las elecciones, los fracasos y los éxitos de pedirle a la lengua que albergue una música y un sentido más complejos que su propio sistema. El escribir, para mí, es meditar. Es aprender a callar. Para poder escuchar —escuchar mi voz interna, escuchar lo que enseña la historia, escuchar los sentimientos compartidos en cada experiencia, escuchar lo que mi imaginación revela cuando, al investigar, descubro algo que no sabía antes— es necesario ese silencio. Yo siempre quiero aprender todo aquello que todavía no sé. Quiero aprender las enseñanzas del misterio. El placer —y la responsabilidad— de escribir o leer un poema es este: el lenguaje del poema señala la revelación, no la contiene. El poder extático de un poema no se encuentra en el texto del poema sino que es creado, de manera conjunta, por el escritor y el lector. Es un acto de magia o, en mi caso, una oración contemplativa a la cual me entrego.

Dicho esto, cuando estoy escribiendo un poema, si me distraigo, puedo llegar a confundirme en relación a la individuación del poema. El poema y su lenguaje no son idénticos a mis pensamientos, a mi conciencia. El lenguaje es un medio artístico con el cual colaboro, como un escultor colabora con el mármol.

Una de las razones por las que me gusta traducir es porque me libera de esa confusión. Sé desde el principio que el poder del poema no reside en mí, sino que proviene de otro poeta del que tengo mucho que aprender, del que estoy ansiosa por aprender. Así que no puedo evitar saber desde el principio que la revelación del poema no me pertenece, que no proviene de mí. Además, para poder traducir un poema responsablemente, uno tiene que comprender muy profundamente que la poesía se manifiesta de maneras distintas en cada idioma. Esto a su vez me recuerda que la manera en la que la poesía se manifiesta en la lengua inglesa es sólo una de las muchas formas en la que esa magia se puede presentar. Y esas formas varían a través de las otras lenguas y otros tiempos. Del mismo modo, soy cada vez más consciente de las posibilidades y limitaciones de la lengua de destino a la que le pido que se arrodille ante algo externo. La traducción requiere que colabore con sintaxis, léxico, acento, tono, geografía, cultura, modismos, metáforas, religión, historia y fonología. La traducción requiere que sea cada vez más consciente de que, como artista, siempre trabajo en colaboración con todos los poetas que he leído, aunque sean originarios de otros lugares o hayan vivido otras historias. La revelación del poema no me pertenece. El poema no es mi subalterno.

Mi método de trabajo en un proyecto de este tipo se basa en las relaciones. Mi principal objetivo es que el poeta traducido se sienta escuchado, visto, cuidado y respetado. Un participante en igualdad de condiciones. Por eso Claudia y yo tenemos una relación de colaboración y amistad. El segundo paso es poner en juego mi curiosidad e investigar. ¿Por qué emigraron las comunidades vascas a la Patagonia a finales del siglo diecinueve? ¿Cómo es la geografía de la Patagonia? ¿Cómo habrá sido una vida de subsistencia en ese lugar? ¿Cómo fue recibido *El interior de la ballena* en su lugar de origen? ¿Qué escribieron los críticos acerca del libro? ¿Qué les revela a los lectores de la Patagonia, de la Argentina? ¿Cómo ha evolucionado la forma de trabajar de Claudia y qué revela esta evolución acerca de éste, su primer libro? Y, si como mencioné anteriormente, los poemas son creados conjuntamente por el escritor y el lector ¿cómo llega a existir este libro en mí? ¿Qué verdades me está enseñando y cuáles de sus verdades reconozco como parte de mi propia historia y conciencia? Después de que el autor del libro original —Claudia, en este caso— y yo terminamos una ronda de borradores, invito a otros miembros de la comunidad a que me envíen sus comentarios. Creo que es muy valioso involucrar a informantes lingüísticos externos, críticos y lectores de literatura en ambas lenguas. A medida que me cuentan acerca de su relación con los poemas, escucho y aprendo qué significado adquieren los poemas para esos lectores, y cómo las versiones en inglés pueden ampliar esas posibilidades. Escribo y reescribo y, luego, le envío todo al autor —Claudia— que me responde con más notas o con su aprobación final. Nunca publico traducciones que no hayan sido confirmadas por los poetas, ni siquiera en revistas.

Un poema es una sala de espejos, en apariencia pequeña y angosta, pero a la luz, infinita. Me parece fascinante la inmensidad de los sistemas lingüísticos y de sus poemas, cómo nos llevan a necesitarnos los unos a los otros para crear o compartir sentidos.

Travis Snyder: Este es un proyecto único, completamente bilingüe y transcultural, por lo cual llegará a un público nuevo. Rebecca, ¿de qué manera comenzó? ¿Cómo llegaste a la idea de publicar un libro en el que todas las secciones estuvieran disponibles en ambos idiomas? ¿Qué beneficio encuentra el lector al poder ver ambos textos lado a lado?

Rebecca Gayle Howell: Claudia y yo nos conocimos a través de Curtis Bauer, un excelente traductor de literatura contemporánea en español, que además es un gran amigo nuestro. Curtis es mi mentor, por eso se dio cuenta de que el libro de Claudia era el tipo de proyecto en el que yo quería trabajar. Me dedico a traducir escritoras contemporáneas que se identifican como mujeres, con quienes colaboro para crear una versión en inglés de sus obras. Me interesan especialmente las historias que las mujeres deciden contar acerca de cómo viven en proximidad a su tierra o exiliadas de ella. Gracias a las mujeres hemos sobrevivido a los climas más duros, pero sus historias han sido silenciadas durante mucho tiempo. Estoy convencida de que ahora necesitamos esas historias más que nunca y por eso, como traductora, editora y poeta, quiero contribuir a su difusión.

Cuando estaba preparando el manuscrito para enviártelo, Travis, me di cuenta de que quería que este libro fuera íntegramente bilingüe, desde la introducción hasta los agradecimientos. Yo me formé en una época en la que las traducciones estadounidenses de poesía sólo se publicaban en la lengua de destino, como si los poemas hubieran sido escritos originalmente en inglés. Los problemas que esto causa son claros, ¿no? Esta forma de publicar obras extranjeras puede convertirse en un modo inadvertido de colonizar el libro original y al autor y ocasionar la pérdida, para el lector estadounidense, de la genialidad del poema original en su propio sistema lingüístico. Todavía hoy, si alguien que vive en los Estados Unidos quiere comprar un libro de literatura publicado en otro país, se encuentra con que el proceso es muy difícil. Me preocupa que, si no me aseguro de que el poema original se publique junto con la traducción, el lector estadounidense tal vez no llegue nunca a verlo. Por eso siempre he pedido que los poemas originales se publiquen junto con mis versiones en inglés. Quiero ser transparente con respecto a las elecciones que he hecho al traducir y las limitaciones de esas elecciones, y quiero que los poetas que traduzco lleguen a tener más lectores en el mercado estadounidense.

Pero luego se me ocurrió que no era suficiente. Los Estados Unidos no tiene una lengua nacional. Entonces decidí que quería hacer esta edición de la obra de Claudia de una forma que hiciera honor más adecuadamente a la lengua de origen y a quienes la leen en los Estados Unidos. Quise crear un objeto que nos obligue a reconocer, en cuanto entramos en él, que se trata ante todo de una obra literaria en español. El título aparece primero en español y luego en inglés. La introducción, los poemas, los agradecimientos, las biografías, esta entrevista...llegan al lector primero en español y luego en inglés. Si los lectores estadounidenses de este libro sólo leen en español, encontrarán lo que necesitan. Si los lectores estadounidenses de este libro sólo leen en inglés, encontrarán lo que necesitan, pero sólo después de reconocer que ellos son los invitados a esta casa.

EPILOGUE: A DISTANCE THAT REQUIRES PATIENCE

Claudia Prado and Rebecca Gayle Howell in conversation with Travis Snyder, Editor in Chief of Texas Tech University Press

Travis Snyder: Claudia, in many ways, this book has always been a work of translation. Migrating across cultures, tracing multiple generations—these are endeavors of translation, even if the mother language is constant. In what ways were the original poems a work of translation for you?

Claudia Prado: Though I have rarely translated poems, I know that literary translators don't just focus on the poem in front of them. They also listen to how each word and each line is built through the poet's voice. I suppose I listened in the same way to the people who told these stories. I was not just focused on anecdotes. When I considered the voice of the person who was telling the story—or the voice of my family as a collective group, *how* my family narrates—I listened for the context of particular words or details. My process had nothing to do with documentary work, of course. Instead it was guided by my curiosity, what sparked my imagination.

I told these family stories in my own way, in my own language—the language of a twenty-something-year-old who had migrated north from her southern town to the capital of the country. I was a girl lured by these stories that pointed to a way of life belonging to another time. At that point my language changed, just as anyone changes when they move away from their homeplace. I encountered other points of view, other voices, and I found things in common with some of them, but not always. I think of my teacher, the poet Diana Bellessi, the first reader of these poems. She knew exactly how to listen to the poems, how to ask the right questions so that the poems could thrive. I also think about the poets I was reading at that time, all very different from each other: Susana Villalba, María Moreno, Edgar Lee Masters, Machado, the poetry of Margaret Atwood, Rulfo.

If we take literary translation as a metaphor for the creative process, then what I did was translate the stories I had heard all my life into a language that even I was still learning.

Although I am not a translator by trade, I just finished a decade of living in the US, where I was surrounded by English, a language that is challenging for me, as well as many kinds of Spanish. Because I needed to translate everyday life, I discovered that the process erodes our childlike trust in our own language. I found myself suspicious of very simple words. Looking back, something similar happened to me when I made my first big move in Argentina from the town to the city, which is when I was writing these poems. I experienced an alienation that was new to me—a new way of considering one's own life, of no longer taking for granted what is known. That alienation was essential for writing this book.

I am enjoying my exploration of the comparison your question suggests, so I will offer another thought. I suppose that when a literary translator is bringing a text over from another language, they have some sense of who the reader will be. But, when I was writing these poems, I do not remember thinking about the reader because I did not even dare to imagine there would one day be a book. I shared the poems with a few close friends, some of whom came from a very different world than I did. They had grown up in the cinemas of Buenos Aires, watching one movie after another. If they were ever left for two or three days in Patagonia's expanse, they'd have a panic attack. As I wrote/translated the familiar, I wanted the poems to resonate equally with those who belonged to the same place as my family and me, as well as these other urbanite friends.

It seems to me that, even with all of its tensions, translation can simultaneously be a mirror and a happy re-creation in which one voice can fold into another and another and another. I am so grateful to Rebecca Gayle Howell for making these stories and their voices, even my voice, her own, and in so doing, helping them live in new ways.

Travis Snyder: The poems proceed in chronological order and have years assigned in the titles. It is a novel in verse. If you were thinking of this purely as a narrative, how would you explain the plot? What kind of story is this?

Claudia Prado: When I was writing this book, I did not use narrative structures. I like poetry's freedom: its brevity, its fragmentation. The chance to walk around the story and then return to it according to rhythmic or material demands, which are much less conceptual than traditional narrative. I also love how poetry can manage techniques of extremes, like invoking someone's fate in just a few lines.

Regarding my use of dates in the poem titles, I was giving a nod to fiction's way of creating the feeling of a time and place. I wanted to invoke that feeling among the poems, but without forcing the reader to approach the book the same way they would a longform story. I wanted this book to be as easily read by opening it at random as by reading it in chronological order.

I always start writing without knowing where I am going. Eventually I find the axis of the book and pursue it, but I still think of each poem as independent. I want to know that each poem has all it needs to stand on its own.

But I do not really enjoy experimental novels or films that abandon traditional narrative structures. In longform stories, I need those structures to hold my attention. However, in short forms, where I have permission to move in and out of the text, I prefer cross-genre work or writing that invents form. Others besides Rebecca have read *El interior de la ballena* and described it as a novel in verse. This also feels true to me, but for me it is not a question of whether the poems give what a novel needs, but rather the novel provides what the poems need.

Maybe you are inviting us to play a little game, by asking about plot. Now that I am thinking about your question, I am remembering something the third-grade teacher wrote in my daughter's progress report the other day: "Sometimes you have so much you want to write, you have a hard time writing the ending." That kind of happened to me when I was writing these poems. The poems are ostensibly telling the story of people who migrated to an extremely remote and wild place, people who, in less than a century, seemed to have become a part of the landscape, as if they no longer remembered they came from a different continent. But, like my daughter, this book makes a promise that it cannot keep because it gets excited about the subtexts, the details: the sun shining on a windmill blade, the remains of a shipwreck, the ghost of a girl leaning out a window, the sunset's shade of red, the wind's insistence.

Travis Snyder: This book will be published in a series devoted to understanding what life is like in deserts. Claudia, I was struck by a phrase in the introduction: a shepherd's knowledge. This is a unique skill, a particular epistemology. Can you define it more deeply? I would think that a shepherd's knowledge would be particularly keen in deserts, which can seem featureless and difficult to navigate. What abilities helped your family find their way through deserts? What can we learn from them and from the desert itself?

Claudia Prado: Speaking of translations—I suppose my family had to translate what they knew about sheep farming in a fertile area with small fields, like those in the Basque country, to sheep farming in a vast desert like Patagonia. But the truth is, I do not know what all would have been involved in that translation. I just asked my Aunt Chela and my brothers your question. They always remember more than I do. Aunt Chela is the one who originally said that phrase that caught your attention: "shepherd's knowledge." Now that she's forced to explain, she is exaggerating: "Here we don't herd sheep the way they do in the Basque country—there the sheep don't have to roam to graze." In Patagonia, livestock is farmed extensively, as I am sure it often is in the US. The animals feed on natural resources, and they look for food in large infertile areas. Immigrants like my family came to the region and settled near water, and if they found a lagoon, they built a house. As time passed, they began to subdivide these huge plots of land to make their work more efficient, keeping the animals close to water while also being able to move them for rotational grazing, which in turn gave the land a chance to recover. The immigrants also learned to dig jagüeles, very deep wells, with almost no tools. I think these kinds of issues presented the greatest challenges to their migration. While they accepted the Patagonian Desert and its terms—a landscape so wide it cannot be rationed, but a land that rations all other resources, like food and water—they also worked tenaciously to make the desert as habitable as possible. Eventually, they learned how to manage all of it: water, food, and distance.

My father knew shepherding, but he had many trades over his lifetime. He seemed to have been born to drive kilometers and kilometers of road in silence until he reached the next post, the next store, the next town. These distances require patience, a detailed knowledge of the landscape, and introspection.

Travis Snyder: Rebecca, you have undertaken several translation projects now, in addition to your own books of poetry. Regarding translation and original poems, can you talk about the ways the process is different and the ways it is perhaps not so different? And can you walk us through your workflow for a project such as this?

Rebecca Gayle Howell: W. S. Merwin taught me that translating poetry is the best way to learn how to write a poem. That has absolutely been true for my practice. As literary translators before me have noticed, when we write a poem, we are translating from a source: the inner and ineffable voice, the silent singing, within. When I write a poem in English, I am already navigating the limitations, choices, failures, successes of asking any language to hold meaning and music that is more complex than its system. I write poems in meditation and contemplative listening—to the voice within me, or history, or shared feeling, or research, or imagination. I want to learn something I do not yet know. I want to learn from mystery. This is the pleasure and responsibility of writing or reading a poem: the poem's language points to the revelation; it does not hold the revelation. The ecstatic power of a poem seems to be held in the air, co-created by the writer and the reader. It is a work of magic, or, for me, prayer, to which I get to surrender.

That said, when I am writing a poem, if I let my awareness slip, I can become confused about the poem's individuation. The poem, its language, is not the same as my thoughts, as my consciousness. Language is an artistic medium that I am collaborating with, like a sculptor with her marble.

One reason why I love translation is that the practice removes any confusion about ownership of the poem. I know from the start that the power of the poem does not reside in me. It resides in another poet from whom I have much to learn, from whom I am eager to learn. So I cannot help but know the poem's revelation is not a thing I own, it is not mine. Further, if I want to translate a poem responsibly, I will understand more and more deeply how poetry makes itself differently in the source language, which in turn reminds me that the way poetry makes itself in the English language is just one small way poetry makes itself across languages throughout the world, and across time. Likewise, I will become increasingly aware of the possibilities and limitations of the target language, as I ask it to bow to something outside of itself. Translation requires me to collaborate with syntax, lexicon, stress, tone, geography, culture, idiom, metaphor, religion, history, and phonology. Translation requires me to become ever more aware that I am working as an artist, alongside other poets, other places, and stories. The poem is not mine to dominate, nor is it me.

My workflow for a project like this is relational. My primary goal is to ensure the source poet feels heard, seen, cared for, respected. An equal partner in the process. So Claudia and I have a partnership and a friendship. The second step is to invest my curiosity and research. Why did Basque communities immigrate to Patagonia in the late nineteenth century? What is the geography of Patagonia? What must a life of subsistence have felt like in that place? How was *El interior de la ballena* received in its homeplace? What did critics write about it; what revelatory gift does it give its source readers? What is the knowable arc of Claudia's art practices and how does that arc inform a look back at this, her debut book? But also—how does this book find itself in me, as a close reader? What truths is it teaching me, and what of its truths do I recognize as a part of my own story and awareness? After the source poet and I have gone through a round of drafts, I invite other community members to send notes. I think it is really valuable to involve external language informants, critics, and close literary readers of both languages. As they report on their relationship to the poems, I listen and learn about how the poems are creating meaning with those readers, and I learn how the English versions can open further to those possibilities. I draft and redraft again, then send it all to the source poet, i.e. Claudia, who sends either more notes or her final approval. I do not publish translations, even in magazines, that the source poet has not confirmed.

A poem is a hall of mirrors, seemingly narrow and small, but in the light, infinite. I love how large language systems and their poems are, how they require us to need each other in order to create or share meaning.

Travis Snyder: This is a unique project, completely bilingual, trans-cultural, and now circulated among a wholly new audience. How did this project come to be? Rebecca, when did the vision of having both English and Spanish crystallize? And what do readers glean from seeing the texts side by side?

Rebecca Gayle Howell: Claudia and I met through Curtis Bauer, an eminent translator of contemporary Spanish-language literature, who is also a dear friend to us both. Curtis is my mentor, and so he knew Claudia's book was exactly what I would want to work on next. In my own practice, I am devoted to contemporary women-identified writers, with whom I collaborate to create an English version of their work. I am especially interested in the stories women want to tell about living close to, or exiled from, their land. Women have long been the reason we have survived harsh climates, but their stories have been too long silenced. I have come to believe that we badly need their stories now, and so as a translator, and as an editor and poet, I want to add to that broadcast.

When I was preparing the manuscript to send it to you, Travis—that is when I realized I wanted this book to be completely bilingual, from the introduction to the acknowledgments. I came up in a time when US translations of poetry were only published in the target language, as if the poems were originally written in English. The problems become immediately clear, don't they? This way of publishing international work can inadvertently colonize the source book and its author, and, for the US reader, it can erase the source poem's genius in its own language system. Still today a US resident who wants to buy a book of literature published in a different country will find the process painfully difficult.

So I worry that if I do not ensure the source poem is published alongside the translation, the US reader may never see it. For these reasons, I have always requested that the source poems be published in parallel with my English versions. I want to be transparent about the choices I have made in the translations, and the limitations of those choices, and I want the poets I translate to be able to increase their readership in the US buying market.

But then it occurred to me that was not far enough. The US does not have a national language. I decided I wanted to design this edition of Claudia's work in a way that more properly honors the source language as well as the Spanish language readers of her poetry in the US. I wanted to create an object that required its target reader, upon entry, to recognize that this is most importantly a literary work of Spanish. The title is first in Spanish, then in English. The introduction, poems, acknowledgments, bios, this interview—come to the reader first in Spanish, then in English. If the US reader of this book only has access to Spanish, they will have what they need. If the US reader of this book only has access to English, they will have what they need—but only after they recognize it is they who are the guests being welcomed into this house.

NOTA DE TRADUCCIÓN

El interior de la ballena de Claudia Prado fue publicado originalmente en la Argentina por Editorial Nusud en 2000. Es una novela en verso basada en el legado de la familia de Prado, asociado a la vida rural en la Patagonia.

Prado es una poeta y documentalista argentina que realiza proyectos artísticos inspirados en la idea de que la escritura creativa es una práctica que puede estar al alcance de toda la comunidad. Su primer libro fue *El interior de la ballena*, un poemario que recibió el Tercer Premio del Concurso Régimen de Fomento a la Producción Literaria Nacional y Estímulo a la Industria Editorial del Fondo Nacional de las Artes de la Argentina. Combinando ficción con relatos orales, Prado imagina la migración de sus antepasados, durante el siglo diecinueve, desde el país Vasco a la Argentina y luego, paulatinamente, hacia el sur hasta la costa desértica. Estos poemas escritos a través de una lente feminista ofrecen una mirada particular de la meseta patagónica entre 1892 y 1963, años de intensa inmigración y crecimiento demográfico. Además de los poemas escritos con la propia voz de la poeta, el libro también hace amplio uso del monólogo y de la inclusión del discurso de los personajes, tejiendo esta historia intergeneracional a través de una multiplicidad de voces. En *El interior de la ballena*, Prado le da lugar a lo que muchas veces no se ve ni se escucha, componiendo tanto a partir del silencio como del sonido y, al hacerlo, crea una poética de la Patagonia. Cuando se leen juntos, los poemas construyen un lugar, un tiempo y un linaje a través de una historia de mujeres fuertes, hombres heridos e hirientes y un paisaje rural e implacable, donde el trabajo duro es lo que permite sobrevivir.

La poeta Irene Gruss escribió en *Ñ*, publicación de cultura de *Clarín*, uno de los diarios de mayor circulación en la Argentina: "Claudia Prado se une entonces a esa sorprendente lista de gente de su generación y de la venidera que (. . .) eligieron mantener el contacto y la sustancia de un paisaje y un silencio no negociables".

La crítica Anahí Mallol escribió en su reseña para *Diario de poesía*, que fue una de las revistas de poesía con mayor trayectoria del país:

"*El interior de la ballena* es un libro de poemas de una textura extraña y exquisita (. . .) Lo que cuenta es lo que reciben, como restos, los herederos, esos restos que repercuten en la imaginación y los juegos infantiles, en la conciencia de sí construida al trasluz del pasado común". [C]omo el paisaje del desierto patagónico al que se alude en varios momentos, los elementos presentados son los mínimos posibles, pero en la inmensidad del tiempo y del espacio las coordenadas se pierden y lo que queda del sujeto son los instantes de pérdida, su insignificancia ante el vacío. Por eso uno de los elementos principales (del desierto, de la historia familiar, del poema) es el silencio".

Otras reseñas del libro y varios de los poemas aparecieron en diversas publicaciones literarias del país, como *La danza del ratón* y *La revista/ Diario La nación*. Algunos poemas fueron seleccionados para antologías publicadas en la Argentina, España y Alemania, entre ellos *Antología de poesía de la Patagonia*, selección y prólogo de Concha García (Málaga: CEDMA, 2006); *Poetas argentinas (1961–1980)*, selección y prólogo de Andi Nachon (Buenos Aires: Ediciones del Muelle, 2007); *Desorbitados: poetas novísimos del sur de la Argentina (1961–1980)*, selección y prólogo de Cristian Aliaga (Buenos Aires, Fondo Nacional de las Artes, 2009) y *Patagonia literaria VI: Antología de poesía del sur argentino*, editado por Claudia Hammerschmidt y Luciana A. Mellado (Alemania: DAAD, 2019).

The belly of the whale es la primera versión en inglés de *El interior de la ballena*. Espero que no sea la última. Esta versión fue realizada en colaboración con Claudia Prado; las dos trabajamos juntas durante varios años, a muchas millas de distancia, enviándonos mensajes, mientras escribíamos y volvíamos a escribir. También colaboró Vicente Yépez, que cumplió el rol de informante entre las lenguas de este proyecto. Su participación nos permitió reducir las pérdidas de significado durante el proceso de traducción.

Creo que el significado de un poema es como el aire acunado en un cuenco vacío. Esto es especialmente cierto aquí, ya que Claudia ha creado un lenguaje adecuado a su lugar, a esa aridez y ese horizonte amplio. El camino que tomé fue decir menos siempre que era posible. Elegí cada una de las variaciones de los poemas originales con la esperanza de crear, en inglés, un texto vivo que honre los logros de Claudia en español. Sé que a veces he fallado y otras veces he tenido éxito. He llegado a entender que esa es la naturaleza de la traducción, que el traducir es intentar y fallar y volver a intentar. Por eso mismo me gusta. Estoy agradecida a Claudia por su amabilidad, por ayudarme a editar estos intentos y por aprobar las versiones que aquí se encuentran. Sobre todo, le agradezco a Claudia que haya encontrado su forma para escribir esta historia. He aprendido mucho acerca de cómo el trabajo del amor nos ayuda a sobrevivir en los climas más duros: la manera en que nos tratamos unos a otros y a nosotros mismos.

—REBECCA GAYLE HOWELL

TRANSLATION NOTES

Claudia Prado's *El interior de la ballena* was originally published in Argentina by Editorial Nusud in 2000. It is a novel in verse based on Prado's agrarian family legacy in Patagonia.

Prado is a poet and documentary filmmaker known for projects based on the idea that art can be accessible to all. *El interior de la ballena* was her debut, a poetry collection that received the bronze award from the Fondo Nacional de las Artes in the Concurso Régimen de Fomento a la Producción Literaria Nacional y Estímulo a la Industria Editorial. Mixing fiction with oral history, Prado imagines her ancestors' nineteenth-century migration from the Basque country into Argentina and, ultimately, southward into the oceanic desert. These poems offer a rare look at the Patagonian plateau between 1892 and 1963, years of intense immigration and population growth, written through a feminist lens. In addition to poems written in the poet's own voice, the book also makes wide use of monologue and persona techniques, weaving together this intergenerational story through a multiplicity of voices. In *El interior de la ballena*, Prado uses her page to privilege the often unseen and unheard, composing in silence as much as sound, and in so doing creates a poetics of Patagonia itself. When read together, the poems quilt a place, time, and lineage through a story of strong women, wounded and wounding men, and a rural and unforgiving landscape where hard-scrabble labor allows for survival.

Poet Irene Gruss wrote in *Ñ*, the culture magazine for *Clarín* (one of the most widely circulated newspapers in Argentina), "Claudia Prado joins a surprising list of writers of her generation and the next who . . . chose to maintain contact with a stubborn landscape and its quiet." Critic Anahí Mallol wrote for *Diaro de poesía* (once one of Argentina's longest running poetry journals), "*El interior de la ballena* is a poetry book of strange and exquisite texture. . . . The tale that is told is the inheritance, the remains that have repercussions upon children's imaginations and games, upon one's own consciousness, backlit by a shared past. . . . [L]ike the landscape of the Patagonian desert, the elements presented are as minimal as possible, but in the immensity of time and space, coordinates are lost. What remains as the book's subject are the moments of loss, their insignificance when contrasted to emptiness. That is why one of the main elements (of the desert, of the family history, of the poem) is silence."

Additional critical praise, as well as poems from the book, appeared in various literary magazines and newspapers of the country, including *La danza del ratón* and *La revista/Diario La nación*. Other poems were selected for anthologies that were published in Argentina, Spain, and Germany, including *Antología de poesía de la Patagonia*, selection and preface by Concha García (Málaga: CEDMA, 2006); *Poetas argentinas (1961–1980)*, selection and preface by Andi Nachon (Buenos Aires: Ediciones del Dock, 2007); *Desorbitados: poetas novísimos del sur de la Argentina (1961–1980)*, selection and preface by Cristian Aliaga (Buenos Aires, Fondo Nacional de las Artes, 2009); and *Patagonia literaria VI: Antología de poesía del sur argentino*, edited by Claudia Hammerschmidt and Luciana A. Mellado (Germany: DAAD, 2019).

The belly of the whale is the first English-language version of *El interior de la ballena*. I hope it will not be the last. This version was created in collaboration with Claudia Prado; she and I worked together over a series of years and across many miles via messenger apps to draft and redraft. We also collaborated with Vicente Yépez, who served as an outside language informant for the project, minimizing translation loss across both languages.

I believe that any poem holds its meaning the way an empty bowl cradles the air. This is especially true here, as Claudia has created a language suitable to her place, its aridity and wide horizon. Saying less, whenever I could, became my means. I chose all variations from the source poems with the hope of creating a living English-language text that could best honor Claudia's achievements in Spanish. I am certain that I have sometimes failed and sometimes succeeded. Such is the nature of trying, and I have come to understand that translation is nothing but an attempt. I love it for that fact. I am grateful to Claudia for her kindness toward my attempts and for approving the final translations. Most of all, I am grateful to Claudia for finding her way to write this story. From it I have learned a great deal about how the work of love helps us survive that harshest of climates: how we treat each other and ourselves.

—REBECCA GAYLE HOWELL

AGRADECIMIENTOS

Claudia Prado y Rebecca Gayle Howell quisieran agradecer a los editores de las siguientes publicaciones, en las cuales aparecieron estos poemas y traducciones, a veces en versiones anteriores:

"1911 | la partida / 1911 | the leavetaking", "1963 | noticias / 1963 | news" y "los detalles / the details", en *The Southern Review* (primavera 2023).

"1918 | barraca / 1918 | crap out", "1942 | el ladrón / 1942 | the thief" y "1947 | naufragio / 1947 | shipwreck", en *Plume* (invierno 2022).

"1922 | un paseo / 1922 | a ride" y "1954 | esposos / 1954 | spouses", en *The Common* (otoño 2020).

"1903 | el sobrino / 1903 | the nephew", "1929 | abandono / 1929 | left", "1961 | el patrón / 1961 | the boss" y "1965 | ánima / 1965 | soul", en *Fjords* 5, no. 1.

"1899 | el vestido / 1899 | the dress", en *The Sewanee Review* (primavera 2020).

"1892 | virtudes domésticas / 1892 | homemaking", "1900 | el viudo / 1900 | the widower" y "1908 | regreso / 1908 | return", en *Waxwing* (primavera 2020).

Rebecca Gayle Howell también agradece a las siguientes personas e instituciones por su apoyo: Texas Tech University Press, United States Artists y the Mellon Foundation, *Oxford American*, el programa de escritura creativa (MFA) de la Universidad de Arkansas en Fayetteville, Curtis Bauer, Geoff Brock, Chloe Honum, Davis McCombs, Brett Ratliff, Alan Rose, Marsha Rose, Jacob Shores-Argüello, Shelly Shores, Travis Snyder y Rose Wages. También agradece a Vicente Yépez por su atención y cuidado con ambos lenguajes y especialmente a Claudia Prado por su gran confianza y amistad.

ACKNOWLEDGMENTS

Claudia Prado and Rebecca Gayle Howell would like to thank the editors of the following publications, where these poems and translations appeared in sometimes earlier forms:

"1911 | la partida / 1911 | the leavetaking," "1963 | noticias / 1963 | news," and "los detalles / the details," in *The Southern Review* (Spring 2023).

"1918 | barraca / 1918 | crap out," "1942 | el ladrón / 1942 | the thief," and "1947 | naufragio / 1947 | shipwreck," in *Plume* (Winter 2022).

"1922 | un paseo / 1922 | a ride," and "1954 | esposos / 1954 | spouses," in *The Common* (Fall 2020).

"1903 | el sobrino / 1903 | the nephew," "1929 | abandono / 1929 | left," "1961 | el patrón / 1961 | the boss," and "1965 | ánima / 1965 | soul," in *Fjords* 5, no. 1.

"1899 | el vestido / 1899 | the dress," in *The Sewanee Review* (Spring 2020).

"1892 | virtudes domésticas / 1892 | homemaking," "1900 | el viudo / 1900 | the widower," and "1908 | regreso / 1908 | return," in *Waxwing* (Spring 2020).

Rebecca Gayle Howell also thanks the following for their support: Texas Tech University Press, United States Artists and the Mellon Foundation, *Oxford American*, the University of Arkansas, Fayetteville MFA program in creative writing and translation, Curtis Bauer, Geoff Brock, Chloe Honum, Davis McCombs, Brett Ratliff, Alan Rose, Marsha Rose, Jacob Shores-Argüello, Shelly Shores, Travis Snyder, and Rose Wages. Howell especially thanks Vicente Yépez for his care of both languages and, most especially, Claudia Prado, for her trust and true friendship.

B I O S

Claudia Prado nació en la Patagonia Argentina. Es autora de tres libros de poesía: *El interior de la ballena* (Buenos Aires: Nusud, 2000), que recibió el Tercer Premio del Concurso Régimen de Fomento a la Producción Literaria Nacional y Estímulo a la Industria Editorial del Fondo Nacional de las Artes; *Viajar de noche* (Buenos Aires: Editorial Limón, 2007) y *Primero* (Argentina: Editorial Caleta Olivia, 2019). También es autora de la plaqueta *Aprendemos de los padres* (Amsterdam: Rijksakademie van Beeldende Kunsten, 2002), realizada con el artista plástico Víctor Florido y publicada con el apoyo de la Fundación Antorchas. Sus poemas se incluyeron en diversos periódicos, revistas y antologías, entre ellos: *Antología de poesía de la Patagonia* (Málaga: CEDMA, 2006); *Poetas argentinas: 1961–1980* (Buenos Aires: Ediciones del Dock, 2007); *Desorbitados: poetas novísimos del sur de la Argentina* (Buenos Aires: Fondo Nacional de las Artes, 2009) y *Penúltimos, 33 poetas de Argentina* (México: UNAM, 2014). También codirigió los documentales *Oro nestas piedras*, sobre el poeta Jorge Leonidas Escudero, y *El jardín secreto*, sobre la poeta Diana Bellessi. De 2006 a 2011, Prado fue una de las facilitadoras del taller de poesía "Yo No Fui" en un centro de detención de mujeres en Ezeiza (Argentina). En 2018, participó, con proyectos artísticos interdisciplinarios y abiertos a la comunidad, en el Programa de Mentoría de Artistas Inmigrantes de la Fundación para las Artes de Nueva York y en el programa Fellowship for Utopian Practice de Culture Push (Nueva York). Mientras vivió en los Estados Unidos, facilitó talleres de escritura creativa en español para numerosas organizaciones de inmigrantes en Nueva York y Nueva Jersey. Actualmente, Claudia reside en Buenos Aires, Argentina.

Rebecca Gayle Howell es la editora de poesía de *Oxford American* y también es profesora de poesía y traducción en el programa de escritura creativa (MFA) de la Universidad de Arkansas en Fayetteville. Sus honores por el mejor libro del año incluyen Best Translated Book Awards, Foreword INDIES Award, Nautilus Award, Sexton Prize (UK), Banipal

Prize (UK), *Ms.* magazine, *Book Riot* y *Poets & Writers*. Howell también colabora con la compositora Reena Esmail con quien ha realizado obras de música clásica; entre ellas, *A Winter Breviary* (Oxford University Press), que ha sido interpretada numerosas veces.

Vicente Yépez es poeta, traductor y docente. Criado en la frontera entre México y Texas, su trabajo creativo se centra en el concepto de interseccionalidad y en los temas que afectan a las comunidades marginalizadas en los Estados Unidos y Latinoamérica. Yépez es el fundador y presentador de *Fútbol for the People*, un podcast que analiza las intersecciones entre el fútbol, la ética y la política de la clase obrera. Egresado del programa MFA de Escritura Creativa de la Universidad de Arkansas, Yépez actualmente reside en Fayetteville, Arkansas, con su familia. Él se desempeñó como informante lingüístico para este libro.

BIOS

Claudia Prado was born in Argentinian Patagonia. She has authored three books of poetry: *El interior de la ballena* (Buenos Aires: Nusud, 2000), which received the bronze for the Concurso Régimen de Fomento a la Producción Literaria Nacional y Estímulo a la Industria Editorial del Fondo Nacional de las Artes; *Viajar de noche* (Buenos Aires: Editorial Limón, 2007); and *Primero* (Argentina: Editorial Caleta Olivia, 2019). She is also the author of a chapbook, *Aprendemos de los padres* (Amsterdam: Rijksakademie van Beeldende Kunsten, 2002), which features collages by Víctor Florido and was published with support from Fundación Antorchas. Her poems are published in various newspapers, journals, and anthologies, including: *Antología de poesía de la Patagonia* (Málaga, CEDMA, 2006), *Poetas argentinas: 1961–1980* (Buenos Aires, Ediciones del Dock, 2007), *Desorbitados: poetas novísimos del sur de la Argentina* (Buenos Aires, Fondo Nacional de las Artes, 2009), and *Penúltimos, 33 poetas de Argentina* (México, UNAM, 2014). She also co-directed the documentaries *Oro nestas piedras*, about the poet Jorge Leonidas Escudero, and *El jardín secreto*, about the poet Diana Bellessi. From 2006 to 2011, Prado co-facilitated the poetry workshop "Yo No Fui" at Ezeiza's Women Penal Detention Center (Argentina). In 2018, she was a participant at the New York Foundation for the Arts Immigrant Artist Mentoring Program and was named a Fellow of Utopian Practice at Culture Push (New York), awarded for interdisciplinary art that is accessible to all. While living in the US, she facilitated Spanish-language creative writing workshops for numerous immigrant organizations in New York and New Jersey. Claudia currently makes her home in Buenos Aires, Argentina.

Rebecca Gayle Howell's Best Book of the Year honors include those from the Best Translated Book Awards, Foreword INDIES Awards, Nautilus Awards, Sexton Prize (UK), Banipal Prize (UK), *Ms.* magazine, *Book Riot*, and *Poets & Writers*. In addition, Howell collaborates with composer Reena Esmail to produce works for classical performance, including the widely performed *A Winter Breviary* (Oxford University Press). Howell is the long-time poetry editor of *Oxford American* and a professor of poetry and translation for the University of Arkansas MFA program.

Vicente Yépez is a poet, translator, and educator. Raised along the Mexico-Texas border, Yépez writes about marginalized communities in the US and Latin America. He is the founder and host of *Fútbol for the People*, a podcast that discusses the intersection of soccer, ethics, and working-class politics. Yépez holds an MFA from the University of Arkansas and continues to live in Fayetteville with his family. He served as the language informant for this book.